AF454349

HEDIR AL-CHALABI   PETRE DON

GÂNDURI CIOBITE

Coperta, ilustrații: Rely Tarniceri
Tehnoredactare: Rely Tarniceri

© Editura Mirador

Descrierea CIP a Bibliotecii Naţionale a României
AL-CHALABI, HEDIR
    Gânduri ciobite / Hedir Al-chalabi, Petre Don ;
ed.: Ion Matiuţ. - Arad : Mirador, 2012

I. Don, Petre
II. Matiuţ, Ioan (ed.)
821.135.1-32

HEDIR AL-CHALABI   PETRE DON

GÂNDURI CIOBITE

Editura MIRADOR
ARAD 2012

Dedicăm această carte părinților noștri.

Suntem recunoscători familiilor noastre, celor care ne-au susținut, redacției *Glasul Aradului* precum și Teatrului de Stat Arad.

În loc de prefață

Totul a pornit de la un telefon întâmplător. Hedir Al-chalabi m-a sunat pentru o antologie literară pe care o realizez cu un partener editorial din Cluj. În următoarele zile am aflat mai multe despre persoana din spatele acestui nume și mai ales, am primit un text extraordinar, aproape inexplicabil pentru mine, tributarul unor formule consacrate de exprimare. De aceea, când Hedir Al-chalabi a zis să scriu o prefață, nici n-am mai stat pe gânduri. Voi rezuma (deși n-aș vrea să fiu așa de scurt) câteva impresii pentru posibilii cititori ai unei cărți de excepție:

Prima parte, „*Gânduri ciobite*", exaltată și exaltantă, pare o traducere a unor reproșuri scrise în spiritul popoarelor arabe sau egiptene.

Un fel de „Carte a morţilor" de factură modernă. Degajă un iz de incantaţie străveche dar nu de tipul rudimentar a vechilor triburi asiatice sau orientale. E ceva în scrierea aceasta ce tulbură – iar cine o citeşte neatent poate să nu o citească deloc.

Un ochi avizat, însă, poate identifica uşor combinaţia cu sistemul de manifestare indo-european, şi spun asta trăgând o simplă paralelă între culturi diferite: istoria comparată are cuvântul! **Hedir Al-chalabi** deţine puterea u-nei fascinante intersectări culturale – rezultatul fiind cartea pe care o citiţi. Desigur, putem merge mai departe până la civilizaţia geto-dacică; dar de ce să mergem mai departe (cum retoric se întreba C. Noica) dacă ni se oferă un astfel de efort gratuit?

Fără să ştie ce face, Hedir Al-chalabi a pus, poate, cele mai puternice baze interculturale contemporane pe care le-am putut cunoaşte până acum. Aceste puţine pagini pot deveni un *model*, un *curent literar* pe care noi, ca entitate naţională, nu l-am putut imagina. Mă bazez însă pe minţile mobile, care pot accepta o astfel de întrepătrundere valorică. E o noutate de nivel planetar – dacă vreţi – şi e greu să trecem sub tăcere acest eveniment.

Partea a doua, aproape identică în ceea ce priveşte stilul, aparţine lui **Petre Don**. „*De ce luminează licuricii*" parc sora geamănă a primei scrieri.

Am înţeles că ei au scris fiecare ce au crezut de cuviinţă, respectând, totuşi, o anumită linie ideatică/ tematică. Aşa de mult seamănă – în expresii – **Petre Don** cu **Hedir Al-chalabi** – încât par amândoi un fel de *alter ego* unul al altuia. De altfel, story-ul cărţii reproduce dialoguri imaginare sau ba, între o fiică şi tatăl ei. Sunt atinse aici vini iluzorii şi realităţi palpabile, chiar acuzaţii mai mult sau mai puţin voalate. Pentru a nu ocupa paginile în zadar, voi încerca să sintetizez o minimă moralitate din marea tristeţe/ durere ce străbate acest volum:

Evident, ar fi absurd să ne pretindem nevinovaţi. Orice dovadă am aduce în sprijinul „prezumţiei de nevinovăţie", ar fi luată drept o încercare de-a înşela vigilenţa „Onoratei Curţi" care poate să ne acuze astfel şi de „inducerea în eroare a autorităţilor". Eşti vinovat din start, pur şi simplu - procesele sunt numai expresia popular-necesară a circului de care lumea are nevoie: ziare, televiziuni, internet.

Suntem intoxicaţi metodic şi iremediabil cu filme şi produse mass media în care Răul este reprezentat de o organizaţie ocultă sau de un serviciu secret scăpat de sub control împotriva cărora luptă alte organizaţii - acestea reprezentând Binele cel nemuritor şi care întotdeauna învinge. Obişnuinţa creează dependenţă iar dependenţa funcţionează cu de la sine resurse. *„Ai dreptul să nu spui nimic. Orice spui, poate* *fi folosit împotriva ta"*. Superb, nu? Justiţia a devenit, din armă a lui Dumnezeu - o unealtă a diavolului. Uneori mai cad nişte capete dar asta nu afectează şi nu impacientează pe nimeni: justiţia năpârleşte uneori, îşi părăseşte vechea piele pentru a-şi împlini destinul de dictator mondial: unul din profeţii mincinoşi are cuvântul!

Să revenim. Caracatiţa justiţiară nu este doar un termen ambiguu, materializat prin decizii executate asupra omului, nu! Ea duhneşte atât de tare încât unii, mai slabi de înger, se sinucid înainte de-a ajunge în faţa arogantelor bărbi judecătoreşti şi a trăpaşilor lor denumiţi, îndeobşte, *avocaţi*. Acest animal supraponderal este omniprezent, nu-l poţi ocoli la nesfârşit, nu te poţi ascunde în gaură de şarpe, n-ai nici o şansă. Climatul violent în care trăim astăzi nu este altceva decât programul după care justiţia îşi face mendrele. Credulă, omenirea s-a încadrat în el: oricui îi sare muştarul din te miri ce, îşi dă în judecată aproapele.

De aceea, ar fi absurd să ne pretindem nevinovaţi. Există atâtea legi încât orice necunoscut ne poate târî la tribunal pentru încălcarea a cel puţin o duzină (dintre care jumătate nu-i convin nici măcar lui).

Acest scurt expozeu exemplifică pe deplin ceea ce conţine cartea de faţă. Mă gândesc la hazard. Poate că e posibil să rămânem cu un câştig literar şi moral citind ceea ce cuprind în interior două cartoane colorate. Poate nu. Dar e de remarcat faptul că s-a încercat. Cineva a încercat.

Ştefan Doru Dăncuş

Gânduri ciobite

Arheologii caută prin secole și sapă după timp, dar vântul le pierde direcția. Reflectând în oglindă își văd urmele pașilor, au încercat să le păstreze nemuritoare. Timpul are milă? A ordonat norilor să se strângă și să șteargă tot ce ochiul vede. Cine oare ne va ține minte? Eu pe tine, tu pe mine,doar jumătate de pas. Timp nemuritor, trăim o odisee, imperiul e al nostru. Pe veci! Răspunsul negăsit ne macină cu totul. Ne înecăm în vise spulberate, iluzii infinite, pasaje întrerupte, evadăm cu orbii călăuzitori spre aduceri aminte.

Gândurile către tine zboară fără să-mi simt respirația, parcă aș trăi constant starea de reverie. Lumea mișună de-mi zgârie retina. Corupția îmi zdruncină visul. Nu mai pot zbura, dar sper să mă arunci să simt înălțarea măcar o clipă, până ce voi atinge din nou pământul. Mă adaptez la cuvinte, dar nu mi se mulează masca pe obraji și risc să mă zgârii, mi-e teamă că de o voi purta aș deveni un chip hidos ca cei care mă lovesc.

Tată... vântul îmi grăbește lacrima către buze, poate că sunt însetată după suferința reală, dar nimeni nu se încumetă să-mi plângă pe obraz în afară de mine și dc ploaie. Luna îmi zâmbește amar, eu îi răspund înlăcrimată, dar totuși nu-mi aduce nori. I-aș dărui ceva teluric, dar se-ascunde prea des după umbre și-o pierd din vedere. Poate că totuși îmi vei atinge tu obrazul cu al tău prelins de lacrimi uscate.

Îmbrățișez copacul, el nu mă respinge, nu poate să transmită boli ereditare, ci în tăcere stă să mă asculte și-mi șoptește vorbe dulci prin frunzele care-mi mângâie trupul ogârjit de ani. Și pomul ăsta nu mi-e tată... Mi s-au înăsprit mâinile de-atâta rugăciune și m-am cocoșat de-atât aplecat. De-ar fi să trăiesc o veșnică umilință, m-aș cufunda în întunecata mare să mă pierd pe veci printre valuri. A doua zi m-ar lumina un curcubeu, iar trupul învinețit de vreme ar prinde culoare. Când noaptea ar veni aș sta dreaptă, ca luna să poată prinde contur după forma pielii mele.

Nu pot s-adorm, gândul mă doare, dar ochii tăi sărmani și singuri mă veghează și-mi ondulez scrisul cu amărăciunea nespusă. Fără să știi mă-nveți să lipesc cu aracet cuvintele. Îmi faci degetele nemuritoare!

Respir ca lemnul, dar tu mă simți, nu ai orbit ca cei din jur. Te temi de pietrificare ca și mine! Scrie-mi numele în scoarță, lasă ploaia să mă spele, verifică-ți scrijelitura dacă mai este. Taie-mă de la rădăcină până nu te mai vezi. Nu te simți vinovat pentru inexistența mea... nu ai vrut tu să fie ereditar... iată că tu trăiești și prin tine sunt și eu. Ridică-ți fruntea și lasă razele de soare să te lumineze.

Mi-a trecut timpul printre degetele lor, pentru că nu am ținut pumnii strânși tare... am pierdut istorie, dar te-am câștigat cândva printre pierduți. Ești un trecător apropiat prin viața mea, ești licurici, continuă să-mi luminezi penița, hârtia e pătată de sânge stătut. Construiesc coșciug din creație, iar când vom sta întinși, penița ne va eclipsa. Îți va veni și timpul tău să mă urmezi... eu te-am urmat destul printre pământeni.

Miroși a vreme, eu a timp... din bucata mea de timp îți ofer bucata care-ți aparține, dar onorează-mă cu vremea ta. Nu te speria de bumerangul ce îl simți, e de fapt o simplă confuzie. Ne-am pierdut privindu-ne prea mult în oglindă. Cine ești tu și care sunt eu, care-i timpul și care vremea? Chiar de ne încurcăm în care din „noi" suntem, ce mai contează? În eternitate suntem unul.

M-ai lăsat fără loc de muncă intenționat. Îți place să mă chinui cerșindu-ți atenție. Ce tată ești tu? Te lauzi cu Dumnezeul tău, că El ți-e ghid? Halal exemplu mai dai! Ți-ai dori să poți zbura și mi-ai fura aripile, mă păstrezi închisă în cochilia milei, privindu-mă cu umor negru. Nu-ți înțeleg privirea, citesc parșivitate, se vede ridul de la ochi. Îți suflu aer de cristale să te lumineze soarele să-ți arate drumul către nemurire. Aruncă-ți privirea spre mine, lasă-mă să sper!

Străluceşti a stea înainte de explozie, dar caut umbrela de protecţie. Nu vreau să-mi sfărâmiţezi trupul şi-aşa ostenit de vreme. Nu mă pot opri din oftat. Eşti rece, nu mai străluceşti, mi-ai iritat ochii cu pulberea ta. Respir colburi şi mă ofilesc, hrăneşte-mă cu viaţă să-ţi aduc lumina.

Propteşte-ţi tâmpla de a mea, priveşte-ne mâinile cum mângâie fulgerele. Simţi cum ne-am secătuit de viaţă? Ţi-ating cu degetul tâmpla, te-ai risipit. Cu cinc începe sau se încheie alfabetul? Crezi că părul tău povesteşte continuarea unui început? Unde zici că-mi este locul? Ha, umpli totul să nu exist sau îl ştergi să mă pierd... nu realizezi străine că noi ne-am pierdut demult şirul literelor? Credeai că eşti altceva decât un simplu turist? Un tată nu face copii riscând să-i poarte boli necruţătoare!

Aprinde lumânarea, nu te-ai săturat de-atâta întuneric? Stelele și luna se ascund după perdea, dar noi le putem veghea la lumina lumânării, le spunem povești până la răsărit. După ce-au adormit tragem perdeaua, stingem lumânarea, lăsăm soarele să ne spună povestea ce-o știe până la apus. Aprindem din nou lumânarea, stăm pe-aproape, povestea să reînceapă.

Stau pe marginea prăpastiei, picioarele nu au tihnă. De m-aș arunca prima, m-ai urma sau ți-ai pierde curajul? De te-ai arunca te-aș prinde, aș fugi sau te-aș urma? De ne-om arunca împreună n-am regreta când 'om atinge solul? De 'am sări împreună cu parașuta să vedem dacă mai vrem a doua șansă n-ar fi mai bine? Ține-mă bine de mână, desfac parașuta când atingem solul. Nu-mi da drumul la mână.

M-aș plimba cu tine pe drumuri spiralate, m-aș pierde prin Univers cântând poeme triste, dar numai de mi-ai ține companie. Nici vântul și nici frunza nu ne-ar deranja, chiar și desculți ne-am putea perinda pe ici-colo, nu refuza, lasă-te purtat de nicăieri către niciunde. Oglinda-mi orbește ochiul obosit de nesomn. Tu ți-i clătești la geam cu lumină. Sub tălpi simt betonul rece, sub ale tale se plimbă vietățile din iarbă. Degetele se mișcă-n ritm de ploaie, eu devin inertă.

Citește-n palmă... mai vezi ceva de riduri și de cicatrici? Nici unghia nu mai are culoare pentru că s-a făcut mată de atâta pustietate. Nimic nu mai eclipsează în jur. Picioare fără rădăcini, urechi lipite cu scoici, gură astupată cu cenușă, palma cicatrizată urât de timp. Ridică ciobul, apas-o adânc în palmă, cicatricea nu se va mai observa... sunt prea multe deja. Curge sânge cenușiu, oprește-ți respirația, nu mai păta Pământul cu neviață.

M-aș încolăci ca șarpele de viață. Ești egoist și vrei să o ții doar pentru tine. Mi-ai sfârteca ființa ca un călău cu creier amorțit, m-ai păstra într-un cavou ca o mumie și m-ai privi amuzat de neputința ce m-așteaptă pentru veșnicie. Scuipi în colțul ochiului să-mi umezești genele uscate. Întinde-mi piciorul pe-o scândură de lemn și unge-mă cu șoapte, proptește-mi cotul de umărul tău uscățiv să nu mai stau cu gâtul aplecat. Simți agonia? Spinii ne-astupă treptat toți porii, respirăm arșiță, cuburile de gheață se topesc... expir cenușă.

Dă-mi piciorul să-l încalț, nu vezi ce bătături de vreme are? Viermii colcăie în el făcându-ți loc spre piciorul ce-și urmează ritmul. Pasul nu se mai grăbește, întinde-te la rădăcina copacului să-ți curăț călcâiul. Apă limpede ți-aduc, ți-l bandajez cu grijă, te poți odihni tată! Mă doare călcâiul, am obosit, fă-mi loc lângă tine să-mi odihnesc piciorul.

Adu-mi greierii să cânte, liniștea deja mă obosește. Stai încruntat privind în gol, vorbele mele nu au ecou. Glasul mi-a pierit când m-ai părăsit. Ai plecat din căminul nostru mucegăit către lumi îndepărtate și mi-ai luat cu tine greierii. Am rămas singură cu mucegaiul. Dă-mi acum degetul să-ntorc fila, întoarce-ți ochiul către cuvânt, nu-ți ascunde obrazul în spatele filelor albe, nu mă îmblânzești, cu penița-ți stau la tâmplă și te oblig să rostești cuvinte cu dublu înțeles. Desfă-mi vraja de viață, nu mai servesc nimic, coase-mi aripile și lasă-mă să zbor, tată încătușat.

Te-mpiedici de omida vecinului, te ghidez printre obiecte prăfuite, ici jarul încins şi vrei să-l mesteci. Te-ai săturat de-atâtea vorbe? Mâna mi-e arsă, limba prăjită, leşin şi strivesc omida vecinului. De ce plângi, preferai să fi tu cel care o striveai?

Salvează-mă, tată! Gleznele s-au adâncit în nisip. Vezi că nu poți? Prinde-mă de încheieturi și nu-mi da drumul. Nu vreau să mă sufoc de nisip înfierbântat și dornic de a-mi lua viața. Pământul, încet mă-nghite, dar zbier: Tată, salvează-te!

Hai tată, ia-mă de umeri și hai să colindăm poteci. Ne-ajunge moartea din urmă, dar până atunci ne ascundem în crater, ne facem mormântul și depănăm amintiri din viitor. Când ne-o veni sorocul, legănăm destinul, poate ne-aduce înapoi la potecă s-o lustruim de astădată, iar urmele să fie șterse.

Opreşte-mi plânsul cu lacrima ta... radiază-mi faţa cu zâmbetul tău. Striveşte-mi geana cu clipirea ta. Dansează cu mine după sunetul auzit. Simţi vibraţia? Las-o să te pătrundă... să ne magnetizăm în ritmul clavirului.

M-am îndepărtat prea mult de casă? Te-am pierdut demult pentru că mintea mi-e ștearsă. Trăiesc momente sfinte, prețioase din viitor... de trecut nu îmi aduc aminte. Eterna durere e o iluzie pentru că trupul e efemer, totuși mă plimb căutându-te, mă învârt făcând cu mâna prin aburi sperând să-ți văd undeva respirația. Oh tată, nu înțeleg de ce nu te găsesc!

Realitatea sucită sacrifică libertatea. Tânjesc după moartea tuturor sorilor. Sinucideri în masă acum se petrec, unde e graba? Către ce se pornesc? Strălucirea se pierde treptat din pricina pripirii lor. Avem același destin, păstrează lumina în pumn, n-o lăsa să se deșire.

Te-a înjunghiat în spate. Destinul! Te golești de puls. Dependent de trădare nu-ți realizezi decăderea. Cu pași rapizi și curajoasa mască și-a pierdut controlul. Ai vrut să fii magnific la final. Știai că te va lovi. Ai vrut doar să privesc! Doar că ai ajuns să fii tu primul care a privit finalul!

M-ai prins de mână pe când mă scufundam. Vârtejul mă înghițea. Erai prea bolnav și prea slab să mă ții. Pustiită, alunecam spre lumea de cărbune. Îți făcea semne să cedezi. Nebuna te-a lăsat fără remediu. Trăiești fără un scop, emoțiile ți s-au consumat pe moarte, te-ai înecat cu pietre când dansai cu umbrele. Ai uitat să fii liber când inima mi-a paralizat. Plângând în grădină, mă căutai agitat, viziunea avută te-a făcut să înțelegi... Oprește-te din dans. Am obosit. Sunt doar o nălucă!

Mândria celebrează momentele în care atunci când te temeai și preferai singurătatea, eu regretam limba orgolioasă. Sarcasmul îți îmbrățișa ochii cu putere, iar furia mi-a sugrumat dragostea. Suntem pustiiți de noi. Adu-ți sicriul, nu mai are sens să mă visezi!

Ţi-e sete tată drag, şi-mi tot ceri apă. Aşteaptă să-ţi umplu paharul cu lacrimi îndulcite. Nesomnul te face să oftezi pentru că ai luptat prea mulţi ani, războiul ţi-a adus pierderi. Paharul băut te va umple de speranţă, nu vei mai fi neputincios, sufletul ţi se va umple de jăratec aprins, dragostea ţi se va dizolva în rugăciune. Nu mai sunt lângă tine de ceva vreme, dar oare nu-mi simţi mângâierea?

Străpuns de ochii clevetitori, nenorocit de realitate, mă-ntreb dacă soarele-i mort. Privești dimineața pustie ce-ți prevestește sfârșitul. Fug spre amurg, nimeni nu cântă, e doar o iluzie a liniștii. Suntem singuri, ți-am dăruit sufletul ce nu mă mai urmează. Închiși între pereți, trăim doar serenade reci. Frumusețea plânge, aura a fost încătușată, trădată fără sens. Speranța a fost uitată, râsul a devenit ursuz, paradisul nu se mai află în mijlocul mascaradei, verile s-au întunecat. Privește-mă! Nu am îmbătrânit?

Realitatea e o ironie, florile se usucă, nebunia se transmite, timpul e o iluzie, suntem prinși în capcane fără milă, adevărul doare, nu suntem veșnici, dar fii pregătit pentru durere. Umblăm pe un râu nevăzut, soarta neînțeleasă ne fulgeră mintea. Vâslim spre nicăieri, dar ne luăm rămas bun de la tot. Zboară cu mine prin existență. Forța nopții ne face să vizualizăm renașterea sufletelor. Doar că trupul ogârjit de vreme e un canal prin care mai multe destine pierdute trec. Fugim de mirosul mefitic al morții ce alterează trupurile încă vii. Plângem și strigăm degeaba... închină-te în existență și roagăte... să mori. Oh tată, trebuie să mori! De ce mă lași singură prin Univers? Nu știi că Dumnezeu pe tine te iubește?

Un somn adânc blochează mintea și gândurile mele nu pot ajunge la vise. Eutanasiază-mi sufletul încătușat, trupul e stigmatizat. Finalul e ștrangulat de fugari, înțelege-o și descătușeaz-o. Suport ruinele să mă îngroape, viziunea călătoriei s-a încheiat tragic când moartea a îmbrățișat-o suspinând. Am decăzut, suntem doi solitari din cauza promisiunii nepăstrate. Pune-ți o dorință și nu te teme să îmbrățișezi.

Pacea din parcul de vise respiră inocența pierdută. Zidurile de lacrimi sunt bântuite de solitudine. Ai devenit orb și înrobit de durere. Simte-mi căldura și permite-i sufletului chinuit să se întoarcă în Eden. Lasă praful și enigma să adoarmă în tăcere. De ce ai dispărut în noapte când zorii zilei ne așteaptă să alergăm pe timp oprit, să ardem câmpiile cu flăcări stelare. Mă întreb dacă existăm în desfășurarea zilelor pentru că ploaia nu ne-a mai atins demult tâmplele... gândurile se spulberă de frigul ce ne învăluie.

Nopți nedormite și nu găsesc poteca luminată. Ochii sunt în agonie din cauza temerilor. Simți cum sufletul își dă duhul și vrea să-mi ofere libertate, dar cârja legată dc gleznă mă-mpiedică să mă înalț. Pedeapsa păcatului e suferința eternă; durerea în oase se-adâncește, mă-mpleticesc și mă împiedic. Tu mă ridici sau cel puțin încerci, dar mi se sfarmă bucată cu bucată din ce sunt. Iei spinii să-mi legi întregul trup străpuns de ei. M-ai refăcut cu lacrima îndurerată ca și tabloul prins cu pioneze în perete.

Umbrele ne bântuie, copacii ne șoptesc povești
strávechi. Vremuri de glorie, monumente ridi-
cate, vieți aventuroase, ființe aruncate de ici-
colo, fulgere ce despicau nori. Mama natură,
iubind, urând, pe veci ne veghează mormântul,
iar noi alături, strălucim ca frunzele uscate.
Ce-ți pasă dacă mă îmbrățișezi când plouă, se
șterge suferința, salvezi o lume întreagă. Co-
pacii ne-ar invidia, tu ai fi mândru, putem să
plângem, cine ar vedea? Fiorii ne-ar da viață,
nimic nu am uita, nimic nu s-ar pierde. Și de-ai
vrea, tot nu m-aș trezi din somn.

Mă scufund în noroi. Devotamentul distrus de vină schimbă întregul destin. Inima torturată își plânge calvarul. Ecouri dc lacrimi se ascund în umbrele minții. Îți rogi mila pledând pentru necredință. Îți poți ierta condiția? Te-nghite inchiziția. Fugi de realitate, relaxează-te sub umbrelă, levitează, ascultă răgetul sălbatic, închină-te liniștii, uită-ți condiția, găsește-ți lumina. Sperând la eterna iubire, găsește-mă... poate-ți dorești, eu te aștept.

Statuia de gheață își laudă faima! Sfârtecat de durere ai uitat ce-i onoarea, privind-o cu spaimă, genunchii îi îndoi și uiți că odată gloria a fost în mâna ta. M-apropii de tine, răsplată ți-aș da. Am încercat să-ți ridic bărbia, dar praful te-a încremenit și te-a transformat pe veci în statuie. Amintirile te pedepsesc pentru că vezi durerea ce te duce-n agonie. Viața cu gust dulce-amărui s-a acrit ducându-te către moarte. Căutând răspuns, viitorul n-are soartă, încearcă traiul fără regrete. Plânsetele simțite-n ceafă îți vor oferi viziuni... viziunea lacrimilor noastre.

De ce-ți fixezi privirea-ncercănată către mine tată? Știu că observi că te privesc rece și în-sângerată. Înnebunit în tăcere te târăști către durere, te folosești de sinergie să îmi captezi atenția; crezi că nu observ întunecatele secrete ce le păstrezi cu-amar în tine? Răsucit, întorto-cheat, neliniștit și-nfometat privești cum prin aglomerație mă pierd treptat. Trăind în agonie, un colaj de dragoste și ură știi bine că nu pot evada... trăim ecouri de râsete moarte.

Ai abuzat lumina de dorul îngerilor decăzuți. Te rogi la ei de parcă ți-ar fi prieteni. Dragostea ai smuls-o și-n hău ai aruncat-o. Ai țipat cu scârbă și cruzime la sufletul epuizat de dor. Ai înecat destinul în mări adânci și reci. Pădurile le-ai îngropat cu stele moarte, lumina-n umbră ai ascuns-o. Sămânța vieții ai strâns-o-n pumn. În minte ai suflat cenușă, sperând aurul să îl găsești. Florile eternității doar eu știu unde se găsesc și o salvez din captivitate. Otrava o vei bea, iar Raiul va recâștiga întreaga luptă.

Tu tată ar trebui să le știi pe toate, tu ești cel care se împrietenește cu îngeri și se sfătuiește cu ei. Cum n-ai auzit că Marea Legiune va susține Raiul în războiul creat de om? Cu fulgere vor fi loviți cu toții, până și nemuritorii! Nu confunda lumina cu flăcările. Durerea și furia i-au orbit, viziunile s-au îndepărtat de ei pentru că au devenit slugi ale întunericului. Nu lăsa lumina să iasă și din tine! Cu dragoste vor fi torturați, cu înțelepciune vor fi hrăniți, de căldură vor fi posedați. Vei fi renegat și disprețuit, vei fi blestemat, dar rabdă! Iadul îl vor face Rai, vor suferi în Lumină, acolo unde eu te voi aștepta cât va fi nevoie!

Am încetat să mai vorbesc. Ce altceva aş mai putea să-ți spun? Cu toții ați plecat! Şi tu! Am rămas cu mine însămi în întunecata tăcere căutând sunetul pe care să îl dăruiesc! Nici somn nu pot avea. Aş prefera să trăiesc un veşnic vis, să nu respir cuvinte, să-mi cos urechile cu şnur, părăsită să rămân de cei urâți. Ascunde-te în pădure, mă voi ruga să nu fii înghițit de iad şi luna să te protejeze puțin de beznă.

Simți răul din jur? Suntem singurii îndurerați? Cine crezi că-ți înțelege fiica? Cine crezi că te va înțelege? Ești tatăl meu îndurerat! Suntem singuri, nu mai avem pe nimeni, cu toții au plecat! Vom fi în agonie, vom arde și pieri. Vom vedea colții din spatele măștilor. Legământul a fost făcut când m-am născut, tu mi-ai fost mentor. Eterni vom fi unul în altul chiar dacă va fi revoluție la căpătâiul nostru, chiar de haosul ne va înghiți. Nu va mai conta, legătura a fost deja făcută... doar sunt fiica ta.

Hidoșii au inundat munții. Aș vrea să îi poți alunga... clădește turnuri dacă poți! Sclavii vor ataca urlând a haos și noapte. Fii împăratul legiunii, vocea să-ți răsune peste ei, în iad să se ascundă. Nemuritorii îngeri să apară-n zorii zilei să îți vegheze lumina. Nu plânge să nu deschizi drumuri de foc către lumină. Mă vor putea ajunge din urmă. Lasă-mă să îmi tihnească somnul. Când tu adormi, în voie vei putea să-mi plângi.

Te-ai pierdut în visul meu. Erai o statuie care citea în stele, pluteai în derivă pe ocean. Și tu fugeai de flăcări parcă. Te vroiai glorificat de stele. Plăcerea vieții te-a dus la nebunie. Te-ai însetat să nu simți înghețarea. În deșert, altar mi-ai ridicat, să mă bântui sau să-mi salvezi viața? Mă chinui să-ți dau ție duhul, tu mi-l respingi, nu-l vrei în dar. Sub ceruri iubindu-te cu steaua cenușie, te vei preschimba în ceață. Sacrilegiul făcut te-a transformat!

Iubirea a încetat să mai existe? Ucide moartea ce încearcă să te prindă în giulgiul ei înghețat. Ți-am încrustat numele „tată" de infinite ori, să vezi ce-nsemni tu pentru mine! Și vrăji aș face să te scap de eterna uscăciune, așa cum și tu ai face-o pentru mine. Tu ai depăși granița, te-ai încununa cu Lucifer! Eu din înger m-aș preschimba în fulger și o armată aș crea, m-aș lupta cu toți să nu te ia. Cu sabia sângerândă și sufletul bolnav, aș arde întreg iadul, aș căuta pergamentul pe care ți-ai semnat condamnarea pentru mine, doar să îți redau libertatea!

Oamenii de lut au aruncat toiagul. Au uitat de tot ce-i sfânt! Înfruntă furtuna cu flacăra aprinsă, desparte revoluția de tot ce este gri, lasă sângele să curgă umplând paginile de istorie, pentru că ea ne așteaptă pe toți să fim eterni în ea. Nu alunga lumina că vei simți povara mult mai grea.

Nu uita să porți oglinda noaptea să-mi luminezi cărarea. Pentru noi cerul e fără stele, va trebui să mă dezgropi chiar și fără Lună. Poate va simți milă si măcar ea îți va fi martor și sprijin. Să nu mă pui să-nfrunt din nou cavoul. Eliberează-mi aripile de cenușă... dragul meu tată, de ce nu mă iei de mână să murim legați pe veci? Mi-e teamă să nu uit cuvântul... cuvântul... știi tu care, cel al legământului, ai și uitat deja? Cântă-mi de vindecare, lasă-mă să-ngenunchez, să-ți sărut rana și să-mi impregnez pe veci cuvântul.

Tată te-am pedepsit! Ai obligația să trăiești!
Oricând privești în urmă să simți mirosul greu
a ceea ce a fost odată... din remușcări tu să
cinezi, iar umbletul să-l simți în foc. Nu vei
putea să ștergi nicicând povara ce cântărea mai
mult decât traseul omului făcut în viață!
Adulmecă-ți calvarul făcut de mâna ta și bucu-
ră-te că n-ai fost tu cel rămas în urmă.

De ce luminează licuricii

Într-o zi a venit la mine îngerul şi mi-a zis:
Dumnezeu nu ţi-e şef. El nu-ţi dă ordine, nu te
umileşte, nu Te pune să-I săruţi tălpile. El ţi-e
prieten şi ca orice prieten te respectă. Tu nu îi
eşti râmă să te târăşti înaintea Lui. Te-a învăţat
să-ţi păstrezi demnitatea ca-ntre prieteni ade-
văraţi. Cei ce se târăsc în faţa Lui – mi-a spus
îngerul – nu sunt respiraţi de El. Viermi sunt.
Umilinţa nu-i dumnezeiască, ea este produsul
sufletului scârbavnic, suflet care-i e străin lui
Dumnezeu. Tu, mi-a zis iarăşi îngerul, trebuie
să-l respecţi, să-i faci semnul crucii (un legă-
mânt între tine şi El) dar fă-o cu respect, cu
pioşenie şi smerenie. Nu împărţi crucea prin
uliţe, birturi, caleşti sau eleşteie. Este un loc
sfânt pentru aceasta şi acel loc este inima Lui.
Crucea nu este chip cioplit s-o mânjească toţi
neaveniţii şi fariseii oricând le vine la socotea-

lă. Tu, şi prietenul tău, Dumnezeu, trebuie să vă înţelegeţi, El este prietenul tău mai mare, sfatul Lui trebuie să-ţi fie pernă, gând şi faptă...

Cam asta mi-a spus îngerul, într-o noapte, când luna se rostogolea de-a-n boulea pe cer. N-ai să înţelegi, Hedir, de ce m-a impresionat acel înger. De fapt nici eu nu ştiu ce m-a emoţionat la el. N-avea nimic deosebit. Era un înger cumsecade, avea aripile imaculate, eterice şi-un zâmbet inefabil, ascuns cu subînţeles divin. Era un înger ca toţi îngerii, cum e plin de ei în imaginaţia noastră optimistă. Şi, totuşi, m-a sensibilizat, dragă Hedir, până la lacrimi atitudinea şi francheţea sa. Atât de mult m-a impresionat încât i-am făcut portretul în ulei şi i-am pus un opaiţ electric sub geană, să-i lumineze făptura cu acel zâmbet nedescriptibil. Şi casa să-mi lumineze acel opaiţ electric...

Odată, pe când eram copil de-o şchioapă (e cam uzată această comparaţie tâmpită; de fapt nici nu ştiu ce înseamnă „de-o şchioapă") am observat că soarele e foarte jos înspre seară, când se şi înroşea copios. Noi, cei de-o seamă ne-am hotărât să-l escaladăm, înainte de a dispărea în pământ. Am confecţionat nişte scări din tulei de cucuruz, le-am pus în spinare şi tustrei am purces la drum spre soare. Soarele mereu se îndepărta, deşi era tot mai jos, cu fiece clipă. Până a dispărut de tot, iar noi neam rătăcit prin pustă. Am ajuns noaptea târziu acasă, obosiţi şi plânşi că am ratat urcarea pe soare.

Fii mai clară, îmi vorbeşti meşteşugit despre trăirile tale, fără să ţii cont că-ţi sunt tată, că barba mea albă este incompatibilă cu visul, oniricul mă sperie şi mă duce chiar la panică. Fii mai clară, sufletul tău nu e un ghem de enigme, aş vrea ca suflarea realului să-mi bată la ceafă; şi voi fi prieten cu nemărginirea minţii tale. Până atunci nu înţeleg nimic, scrisorile tale sunt coduri încifrate în vorbe făţarnice. Tinereţea ta îmi provoacă frisoane, experienţa e o curiozitate în devenire. Firul gândirii tale va naşte lăstari peste câţiva ani, când eu îmi voi număra printre stele eşecurile...

Te rog răspicat să-mi tiveşti aceste gânduri cu borangicul florii de păpădie şi să mă faci responsabil peste roşul din maci. Altfel, jur pe albastrul din cobalt că am să-ţi mânjesc ochii cu bucata aceea de cer care adoarme în gândurile mele de om obosit şi prăfuit. Şi nu ştiu pe unde-ţi vei scoate cămaşa de frica pedepsei...

Şi nu mai fii tristă Hedir, te văd închisă în propriile-ţi gânduri din care nu vrei să ieşi; libertatea este o stare, nu un fapt, cătuşele sunt doar semnalul unui gungurit de hulub căruia orice tembel îi poate răsuci gâtul. Tu cânţi libertatea gândului, cine e mai puternic decât tine? Poate doar Dumnezeu, dar El nu este un infatuat, te lasă să te ridici singură, numele Lui este numai invocat, nu zălogit. Ca tată, ca spirit şi ca semen îţi cer socoteală pentru răul pe care ţi-l faci singură, autodistrugerea e un gând străin raţiunii. Optimismul tău costă, anticorpii din celula primordială încearcă să te răpună, să le devii sclavă anonimă. Molecula e o materie în devenire, aşa cum gândul bun este o placentă a existenţei pipăibile. Celula e locul unde ia fiinţă gândul ce va deveni faptă.

Sunt supărat pe tine. Aseară m-ai certat fără motiv în pridvor tocmai când voiam să mă sprijin de perna unui vis. Am plecat năucit, poliţistul cartierului mă păzea de nişte umbre de licurici, cred că mă avea pe inventar şi se temea să n-o iau razna, pierzându-mă de el, de lume. Oricum l-am pierdut pe drum, l-am lăsat în urmă în timp ce-şi revendica umbra unui nor de lângă lună, certându-se colegial şi sistematic cu nimeni de lângă el. Am bătut năuc străzile, am bătut din picior să sperii nişte potăi vagaboande şi m-au bătut vreo doi inşi să le dau nişte mărunţiş. După toate acestea am stat în gară plătind unui insomniac corect, căruia i-am dat bani de-un aurolac second-hand. Dimineaţa m-am sculat odihnit, gata să mă iau de trântă cu oraşul şi cu trista ta conştiinţă de fiică nerecunoscătoare. Dragă Hedir, eu acum mângâi aripa unui fluture şi visez o noapte în care mă pot sprijini nestingherit de colţul unei perne de vis.

Te privesc cum dormi, cum visul îţi luminează faţa, cum gândul-umbră îţi străfulgeră pleoapele mişcându-le imperceptibil ca o mimoza-pudica, planta timidă. Trebuie să-ţi am grijă de vise, am auzit că s-au scumpit al naibii de mult. Acum, cu un vis bunicel, de calitate, poţi face o mică avere, cu care poţi ieşi cu bine din ingrata asta de prohibiţie şi criză economică. Mâine, facem inventarul viselor tale, le ambalăm frumos şi ieşim cu ele la Obor să le vindem pe sub mână. Trebuie să avem grijă, poliţia ne poate confisca toate visele şi rămânem săraci şi trişti, fata tatii!

Uite, afară e soare, primăvara aceasta a luat-o razna iar noi vorbim despre lemne, despre foc şi despre apă. Sunt atât de trist încât urăsc sălciile de la Pădurice şi-mi vine să le împletesc cunună ielelor care bântuie nopţile visele fetelor virgine. Frigul a luat-o vandra, ducă-se pe pustii, prea şi-a făcut de cap cu oasele muritorilor, încercându-i de tineri cu reumatisme şi dârdâieli insalubre şi idioate. Mă bucur că te ţin pe genunchi, că dârdâi şi-ţi ţin de cald, că sunt de folos. Priveşte norul acela! Nu ţi se pare că seamănă cu o cămilă? Sau cu un fiord, ceva pe-acolo. Ai grijă Hedir, susurul meu de izvor, omul nu este măsura lucrurilor, el este chiar lucrul lui Dumnezeu.

Hedir, odată m-ai întrebat dacă licuricii ard. Nu ard!, ţi-am spus. Atunci ce luminează la ei? M-ai încuiat, deoarece nu ştiu nici eu de ce luminează licuricii şi nici la şcoală n-am învăţat. Aşa cum nu ştim de ce sughite omul, de ce cască, de ce oftează şi de ce râde!? Şi de ce plânge. Astea nu se predau la şcoală, vai de învăţământ, ce-a ajuns! Trece omul prin şcoli şi nu ştie de ce râde şi de ce plânge. Şi de ce luminează licuricii. Puah!

Ieri se făcea că sunt un bărzăun. Zburam aiurea și împungeam pe toată lumea, făcându-mi dușmani cu ghiotura. Bunăoară, am înțepat un trandafir neatent, care s-a ofilit, neavând timp să se apere cu spinii din dotare. Au paralizat toți spinii. Apoi a venit șeful și m-a angajat pe post de spin de trandafir. Urâcioasă meserie: toată ziua stăteam lângă petalele lui, inhalând aromele lui nesuferite.

Sunt cam somnoros, timpul mă imploră să-l aştept, eu sunt însă vrednic de mai multă mişcare chiar dacă simt în mine o lentoare caldă, care mă împiedică să mă întrec cu cine vreau eu cu adevărat (tocmai m-a provocat un fluture să-i duc cumpărăturile). Îmi cad pleoapele, ţăruşii puşi să rămână sus au putrezit, irişilor mei li-e dor de ochii tăi de culoarea unei păsări în zbor, iar gândul nenumit mă înfăşoară ca o liană a siluirii. Hedir, nu mă lăsa cuc, boala mea se numeşte singurătate, toţi cocorii vor rămâne la toamnă lângă noi, să nu fim trişti, doar puii de lebădă îşi vor lepăda puful murdar şi se vor face fulgi de nea.

Dragă, mai vino pe la mine, gândurile tale sunt de culoare roz, ca nişte hălci de carne care cad precum faldurile rochiei lui Lady Gaga. Mi-e imposibil să nu simt în nări mirosul de înger pârlit, de fulgi de ovăz într-un bol cu lapte de căprioară. Sunt atât de singur încât „tristeţea mea aude nenăscuţii câini pe nenăscuţii oameni cum îi latră", cum zicea un prieten de-al meu care descifra în timpul liber nişte noduri şi nişte semne, căutând să-i fie bine. La ficat. Aşa că mai vino pe la mine, Hedir. Nu te sfiii, adu-mi şi un coltuc de speranţă şi oleacă de noroc să-mi aduci.

Preabunul Dumnezeu a venit la mine la pat, Mi-a aranjat plapuma şi mi-a zis: Prietene, ai de plătit pentru faptele tale. Ţi-ai jignit îngerul care te apără, de o lună acesta plânge de supărare. Fă zece flotări şi te iartă! Sau mai bine cântă pe două voci aria pierzaniei, dar du-te la subsol, unde-i acustica mai bună! Executarea! M-am dus la subsol unde am întâlnit mulţi prieteni afoni, pedepsiţi pentru diverse ultragii aduse persoanelor suspuse. Era un vacarm îngrozitor, toată lumea urla pe limba lui, neînţelegându-se mai nimic din ariile interpretate. M-am deşteptat la timp, suficient să primesc o altă repartiţie, la etajul întâi.

Hedir, iar mi-am dat în petic. M-am luat la ceartă cu imaginea mea din oglindă, împuţita, mă imita până la detaliu; am s-o reclam la forurile internaţionale, căci nu suport să mă imite cineva, chiar dacă acel cineva este imaginea mea din oglindă. Cred că nu-i bună oglinda. Am s-o schimb pe o frunză de brusture sau, mai bine, pe colţul de jos al curcubeului, că tot am visat eu să mă fac, când o să fiu mare, rogvaiv. Rogvaiv am vrut să fiu. Să-mi spună lumea: d-le Rogvaiv sunteţi palid. Aţi băut apă rece? Aţi răcit. Luaţi acest curcubeu şi înfăşuraţi-vă gâtul cu el ca să vă treacă, d-le Rogvaiv!

Îmi vine să plâng... Înainte de a mă pune să scriu ştiam că am să-ţi spun ceva foarte important. Şi-acum am uitat... Şi trebuie să plec la masă... Nu-i nimic, poate la scrisoarea următoare mi-aduc aminte... Hedir te cheamă, nu-i aşa? Ştiam eu c-o să-mi aduc aminte... Cum o s-o uit eu pe fiica mea?

Iar mi-am adus aminte de cei pe care-i credeam prieteni de-o viaţă. Nu înţeleg de ce au zis că boala te-a răpus şi că acum eşti pentru mine doar un vis, o închipuire. Cred că au făcut-o din răutate gratuită, să mă facă să sufăr, căci ştiau ce însemnezi tu pentru mine. Idioţii! Numai să ies eu din situaţia asta şi nu le mai fac vizite niciodată. Că eu nu le-am făcut niciun rău.

Prietenul meu, Dumnezeu iar m-a dojenit prin somn. Se făcea că eram la Băile Naimon şi mă simţeam bine cu cei de-o vârstă cu mine. Era o doamnă foarte şic, îmi zâmbea tâmp, cred că mă plăcea. Dar eu, nu! Din respect pentru mama ta, Dumnezeu s-o ierte. Apoi, nu ştiu cum s-a făcut şi am uitat s-o respect, pe moment, şi i-am zâmbit şi eu acelei doamne. Apoi, prietenul meu, Dumnezeu şi-a bătut obrazul cu degetul arătător, încruntându-se niţel la mine. Am înţeles dojana şi nu i-am mai zâmbit acelei doamne cu aer tâmp. Eu întotdeauna ascult de sfaturile bunului meu prieten Dumnezeu, care mă învaţă numai lucruri bune!

Hedir mi-e tare dor de tine, ieri i-am dat asistentei o chiflă caldă. Pe moment am crezut că ești tu. De aceea i-am oferit o chiflă caldă căci ție îți plăceau la nebunie. Când erai mică, te luam pe gcnunchi și-mi ziceai: tata te iubesc aproape la fel de mult cum iubesc o chiflă caldă. Și îmi zâmbeai frumos, cu ochii tăi migdalați, de orientală. Acum nu mai am cui să ofer nimic... Și chiflele se uscă pe raftul de lângă tâmpla mea.

Văd un colţ de cer foarte obraznic. Se zgâieşte la mine printr-un nor în formă de langoş, şi mă cheamă la el prin gesturi obscene ca o „de-aia" de pe centură. Mă ţin tare, am şi eu demnitatea mea, nu-mi pun eu mintea cu un nor pârlit de la periferia orizontului... Ţintesc mai sus, eu nu-s fitecine. Sunt singurul dintre noi care ştie limba ceasului, a cucuvelei, şi-n plus numai eu pot traduce lumina în întuneric. Din această cauză nimeni nu stă de vorbă cu mine, şi-mi râd pe la spate. Invidioşii!

Aseară am primit o vizită. La început am crezut că-i îngerul meu, care vine pe la mine mai adesea. Fals, era unul deghizat în înger (era alb, ca perna unui pat de spital). M-a luat pe ocolite, m-a întrebat cum stau cu tensiunea arterială, de parcă de-asta-mi ardea mie. Normal, nu i-am spus, de unde să ştiu eu ce intenţii are? În ziua de azi e bine să nu te mai bazezi pe nimeni...

Eu n-am încredere decât în tine, Hedir. Păcat că ne vedem atât de rar. Iar când te văd, de fiecare dată când vreau să te ating dispari, te ascunzi rapid de nu te mai văd. Ca-n copilărie, când îți puneai mâinile la ochi și-mi ziceai să te caut, că te-ai ascuns. Iar eu râdeam fericit că te văd. Acum cred că eu pun mâinile la ochi fără să vreau, de-aia nu te mai văd...

Aseară iar s-au supărat pe mine îngerii cei albi. Tocmai țineam o prelegere în fața unor greieri rebegiți de frig, care abia auzeau ce spun. Normal, am ridicat vocea să mă audă. Chiar atunci au venit îngerii cei albi la pat la mine (eu țin cele mai bune prelegeri în pat, înainte de a adormi), au venit și mi-au pus o cămașă cu mâneci lungi pe care le-au legat la spate. Ziceau că eu vreau să zbor, să-i părăsesc. De-aia ziceau că m-au legat. Proștii nici nu vedeau greierii. Numai eu îi vedeam, cum numai eu știu că tu trăiești Hedir, fiica mea dragă.

Stau în cameră şi mă distrez. Copios. În fiecare zi, la orele cinci fix, văd un bâtlan la geam, cred că stă pe ceva, că-i văd ciocul lung şi moţul dat pe spate; ca moţul lui Pittiş în filmul meu preferat, Veronica. Uneori bâtlanul îmi face cu ochiul (are un ochi rotund, ca partea de sus a unei virgule), noi ne înţelegem bine împreună, amândoi avem aceleaşi principii despre libertate. Ceea ce mă enervează la culme este că numai eu văd bâtlanul, ceilalţi parcă-s orbi. Cred că nici nu merită să-l vadă: au alte principii!

Cred că am temperatură, căci capul îmi vâjâie, aud voci de înger şi o muzică folk îngânată de doi prieteni, Daniel şi Nelu, experţi în arta chitării reci. Normal că nu e aievea, ce să caute Daniel Julean la mine, când eu am frisoane? Mai ales că ei sunt plecaţi în turneu în Kamceatka, să le cânte balade pinguinilor rătăciţi. Între timp, doi inşi scorţoşi vor să mă otrăvească; îmi dau prafuri, cică de calmare, dar eu sunt calm şi lucid, lua-i-ar gaia. M-am lăsat lămurit, mai ales că tipii erau nervoşi şi mă ţineau zdravăn de mâini. Acum sunt calm. Atâta doar că aud muzică folk, îngânată de doi prieteni, la o chitară foarte rece. Să fie contra frunţii mele fierbinţi, jur!

Aseară iar nu am fost cuminte! M-a certat asistenta pentru că am plâns fără motiv, zice ea. Dar cum să nu plâng când mi-am amintit de urma buzelor tale rujate pe oglinda în care mă bărbieream zilnic? Parcă simt și acum arsura sărutului tău pe obrazul meu proaspăt ras. Asistenta nu înțelegea ce simțeam, deoarece ea nu te are pe tine...

Astăzi sunt sensibil, cred că am să scriu o poezie. Încă nu ştiu cum, dar sunt sigur că o s-o scriu. Am pregătite cuvintele, (mai ales verbele, nebunaticele, zbanghiele), am ales subiectul, adică ideea. Din care reiese sensibilitatea mea (unii zic că-i bolnăvicioasă, dar mie nu-mi place cuvântul „bolnăvicioasă"). N-am scris-o până acum pentru că încă nu ştiu cui s-o dedic. Căci ce poezie e aceea care nu e dedicată unui prieten. Dar eu nu am nici un prieten, toţi au plecat de lângă mine. Fără niciun motiv. Aşa că amân, deocamdată, scrierea poeziei până îmi găsesc un prieten. Abia apoi voi compune o poezie. Ceau, ne vedem mâine!

Când te-ai născut eu eram tocmai plecat pe teren. Nu mai știu exact în ce scop, dar știu că eram plecat pe teren. Când m-am întors mi te-au pus în brațe și nu simțeam decât frica să nu te strivesc, erai atât de plăpândă, de mică și neajutorată... Apoi nu mai știu ce s-a mai întâmplat decât că ai ajuns dintr-odată mare, frumoasă și foarte specială. Datorită ție nu mai vorbeam cu ciorile, gușterii și alte urâțenii, pentru că pe tine tare te speriau. Cum să nu mă răzbun pe ciori, gușteri și alte urâțenii când pe tine te speriau? Păi dacă pe tine te speria oricine, eu nu mai vorbeam cu acela. Odată ai băgat în gură un puf de păpădie și ai început să plângi, scuipând-o. Vezi, de atunci, când am în mână un puf de păpădie o suflu în patru zări, atât de mult m-a supărat. Acuma trebuie să mă culc, numai eu sunt treaz, că-ți scriu ție. Noapte bună, Hedir!

Iar m-am uitat în oglindă. De fapt e un ciob mai mare, în care ne uităm doar când ne bărbierim; că nu ne lasă neraşi, zic că arătăm ca dracu, de parcă ştie cineva cum arată dânsul. Am observat că numai noi, bărbaţii ne radem, pe femei nu le obligă nimeni; nu ştiu ce au cu noi, cred că ne persecută pe nedrept. Oricum, e mai bine pe nedrept, decât să ne persecute pe drept, cum spunea un sinucigaş cu otravă de cucută, din vecini. Cum zic, m-am uitat în ciobul de oglindă şi l-am văzut pe tata, bunicul tău, povestindu-mi cu gesturi largi despre războiul mondial. Era aceeaşi poveste pe care mi-a spus-o de vreo două sute de ori, încât o ştiu până la respiraţie. Acum îi vedeam doar gesturile, era ca într-un film mut. Mă apucă plânsul, iar mi-e dor de cutele adânci de pe faţa tăticului meu... Iartă-mă, Hedir, revin mâine!

Iar mi-e dor de tine. Aş fi vrut să te văd mireasă, să stau ţanţoş lângă tine, îmbrăcată frumos, cu hainele prietenului meu, îngerul, şi să te duc spre altar; cu ciuda marinarului care pierde legătura cu ţărmul şi se lasă în voia nedesluşită a valurilor să te duc. Aş fi vrut să-ţi cresc copilul şturlubatic şi să mă tragă de barbă, râzând. Cred că îţi voi fi mereu prin preajmă, tu mereu ai avut nevoie de cineva care să te îngrijească. Ştiu, boala ta au inventat-o cei răi, în realitate nu poţi veni la mine pentru că ţi-ai pierdut paşaportul; aşa mi-a spus prietenul meu, îngerul: Prietene, fiica ta ar veni să te vadă, dar şi-a pierdut paşaportul. Înţeleg, pentru că altfel sigur nu m-ai fi lăsat singur la mâna lor, a străinilor. Ne vedem în curând, Hedir!

Mă plictisesc îngrozitor. O muscă bâzâie enervant tocmai pe nasul meu; cred că şi pe muşte le scot din sufletul meu. Nu mi-au plăcut niciodată fiinţele insistente, pisăloage. Şi muştele astea sunt de-a dreptul pisăloage, cred că vor să-mi spună ceva. Poate, dar eu deşi sunt poliglot în plante şi animale, cam vorbesc cu accent în limba muştelor. Mă mai gândesc. Prietenul meu, Dumnezeu mi-a spus de nenumărate ori: Prietene, orice fiinţă şi orice lucru îşi au rostul lor. Tu eşti om, înţelege-le şi vei vedea că-ţi vor fi folositoare. Eu îl ascult pe prietenul meu, Dumnezeu, că m-a învăţat numai lucruri bune. Aşa că poate nu le mai scot din sufletul meu, deşi sunt cam pisăloage muştele astea.

Azi-noapte am fost agitat. Iar am visat licurici. Nu ştiu ce am, dar am făcut o obsesie cu ei, de-i înnebunesc pe toţi. Păi, cum nu, când sunt atâtea lucruri de lămurit cu ei de către lumea ştiinţifică. Bunăoară, nu ştiu dacă toţi oamenii văd licuricii. Eu bănuiesc că nu toţi, dar încă nu-i dovedit ştiinţific, trebuie documentat. Deocamdată e numai o supoziţie personală. Apoi, de ce licuricii se văd numai noaptea? Ziua de ce nu se văd? Unde se ascund. Sau unde dispar? Dacă dispar. După Triunghiul Bermudelor, cea mai mare enigmă de pe pământ, este, de ce luminează licuricii? Ce vor să ne transmită? De ce ard fără să ia foc, fără să se facă scrum? Sau poate ce vedem luminând noaptea e numai scrumul lor, al licuricilor? Multe întrebări, Hedir. Vezi, de aia nu pot dormi eu nopţile. Mă bântuie probleme existenţiale, cruciale pentru omenire... Licuricii!

Tot nu înţeleg ce tot bălmăjeşti tu acolo. Te foloseşti de faptul că sunt mai în etate şi neşcolit şi-mi bagi în scrisori tot felul de cuvinte şi chestii nenumite, ca eu să nu ştiu exact ce mai faci, în loc să mă lămureşti clar şi concis. De fapt, sigur eşti tu fiica mea Hedir cea care-mi scrie sau ai pus pe altcineva s-o facă? Îţi dau un test. De-l treci te fac moştenitoarea lanului meu de maci şi te fac responsabilă în locul meu cu repartizarea roşului în lanul de grâu. Întrebare: când ai fost la mine la Ospiciu ai intrat pe o uşă dublă, care se deschide doar într-un sens; în afară sau înlăuntru? Fac prinsoare că nu mai ţii minte, tu niciodată nu eşti atentă la detalii. La noi, când nu suntem cuminţi ne leagă cu mânecile cele lungi de la cămaşă şi eu plâng, deşi sunt un bărbat voinic şi deştept. În rest, sunt bine. Dragă Hedir, mai treci pe la mine, scrisorile tale mă fac trist;

şi-aşa nu le înţeleg prea bine, mai ales că nu mi le dă nimeni să le citesc. Eu îţi scriu pentru că te cunosc şi ştiu cum mi-ai scrie dacă mi-ai scrie. Aştept să te strâng în braţe. Tata.